Jo-Jo

AF203262

Fibel
Schreiblehrgang B
Schulausgangsschrift

von

Heidemarie Löbler

illustriert von

Sharmila Banerjee

Cornelsen

Jo-Jo

Fibel
Schreiblehrgang B

Schulausgangsschrift

von Heidemarie Löbler

Redaktion	Nicole Namour, Martina Schramm
Illustration	Sharmila Banerjee, Thorsten Saleina (Umschlag)
Umschlaggestaltung	Heike Börner
Technische Umsetzung	Michaela Müller für corngreen, Leipzig

www.cornelsen.de

1. Auflage, 7. Druck 2021

© 2011 Cornelsen Verlag, Berlin
© 2017 Cornelsen Verlag GmbH, Berlin

Druck: Athesiadruck GmbH

ISBN 978-3-06-082999-6

Hinweise zum Einsatz

1. Grundsätzliches zum Schreiblehrgang

Beim Erlernen der Druckschrift als Erstschrift, also bei der Bearbeitung des Druckschriftlehrgangs, haben die Kinder bereits wesentliche Voraussetzungen erworben, um mit dem vorliegenden Schreiblehrgang zügig und problemlos die verbundene Schrift zu erlernen.

Die *Schulausgangsschrift* ist als verbundene Schrift besonders geeignet, da sie eine gute Schräglage aufweist, bewegungsökonomisch und von einer straffen Bewegungsführung gekennzeichnet ist. Die Buchstaben haben eine klare Binnenstruktur. Die Großbuchstaben entsprechen weitgehend der Druckschrift.

Während sich die Druckschrift durch ihr formorientiertes, zusammensetzendes und gegliedertes Wesen auszeichnet, geht es bei der Schreibschrift nun um bewegungsorientiertes, zügig-verbindendes Schreiben. Daher sind *ergänzend zur Bearbeitung des Schreiblehrgangs Übungen zur Schulung der Feinmotorik und zur Kräftigung der Fingermuskulatur erforderlich*. Es ist ebenso wichtig, dass die Buchstaben vor der entsprechenden Seite *außerhalb des Lehrgangs* geübt werden. Weitere Hinweise dazu finden sich in den Handreichungen für den Unterricht zur Jo-Jo Fibel: ISBN 978-3-06-083000-8.

Das Schreiben mit Füller wird erst nach fortgeschrittenem und sicherem Umgang mit der verbundenen Schrift empfohlen.

2. Methodische Hinweise zum Schreiblehrgang

Das Schreiben der *Schulausgangsschrift* bedarf systematischer und gründlicher Übung. Neben den verschiedenen Grundbewegungen sind besonders der *Drehrichtungswechsel* und die *Deckstriche* bei einigen Buchstaben zu beachten.

Im Allgemeinen richtet sich der Schreiblehrgang nach folgenden Prinzipien:

- Wo es erforderlich ist, gibt es eine vorbereitende *feinmotorische Grundübung*.

- Buchstabenfolge: Der Schreiblehrgang B übt die vom Schreibablauf einander ähnlichen Buchstaben weitgehend im Zusammenhang.

- Die neuen Buchstaben in den gelb umrandeten Feldern werden zuerst mehrmals *farbig nachgespurt*. Dann schreiben die Kinder den Buchstaben in unterschiedlichen Größen in das Feld.

- Die Schreibansatzpunkte für den Schreibablauf der Buchstaben sind nummeriert. *Haltepunkte bzw. Drehrichtungswechsel* sind durch Kreise markiert.

- Die grauen Buchstaben und Wörter werden *nachgespurt* (farbig oder mit Bleistift).

- Alle neu eingeführten Buchstaben sind in Druckschrift oben auf der Seite vorgegeben.

- Der besseren Lesbarkeit wegen sind *Arbeitsaufträge in Druckschrift* geschrieben.

- Zur Leseerleichterung und als optische Unterstützung beim Abschreiben von Wörtern sind bis einschließlich W/w Silbenbögen unter die Wörter gesetzt. Es empfiehlt sich folgendes Vorgehen: Wort zunächst silbierend erlesen, dann abschreiben. Haben die Kinder ein Wort abgeschrieben, *können* sie als Kontrolle Silbenbögen setzen.

- Analog zum Leselehrgang gibt es immer wieder an Silben orientierte Übungen.

Viele Aufgaben im Schreiblehrgang bieten *Differenzierungsmöglichkeiten* (nicht jedes Kind sollte alle Wörter bzw. Sätze oder Texte abschreiben müssen). Sie eignen sich auch zur Wiederholung eingeführter Wörter, zum Aufbau eines Grundwortschatzes sowie als Ausgangspunkt für das freie Schreiben.

Das *Abschreiben von Texten* kann mithilfe der in den Schreiblehrgang integrierten Themenseiten (z. B. Seite 37) sowie der Seite 56 besonders geübt werden. Auch hier finden sich Texte zu bestimmten Themen, die innerhalb der Buchstabenprogression zu einem bestimmten Zeitpunkt abgeschrieben werden können. An den entsprechenden Stellen gibt eine kleine Verweishand den Hinweis auf die Seite (s. u.).

3. Arbeitssymbole

Folgende Arbeitssymbole werden im Schreiblehrgang verwendet:

 schreiben

 verbinden

 einkreisen

 ankreuzen

 farbig nachspuren oder markieren

 in ein Heft schreiben

 Differenzierungsaufgaben (Zusatzaufgaben, Aufgaben auf höherem Niveau, Aufgaben zum freien Schreiben …)

 Verweis auf die Seite 56 im Anhang, die Übungstexte zum Abschreiben enthält

4

l

l l l

ll ll

ol ol ol ol

Ali
Ali Ali

Ball
Ball Ball

Salat
Salat

Lolli
Lolli Lolli

los
los los los

Füller
Füller

lila
lila lila

toll
soll soll

solle Wolle

solle Welle

5

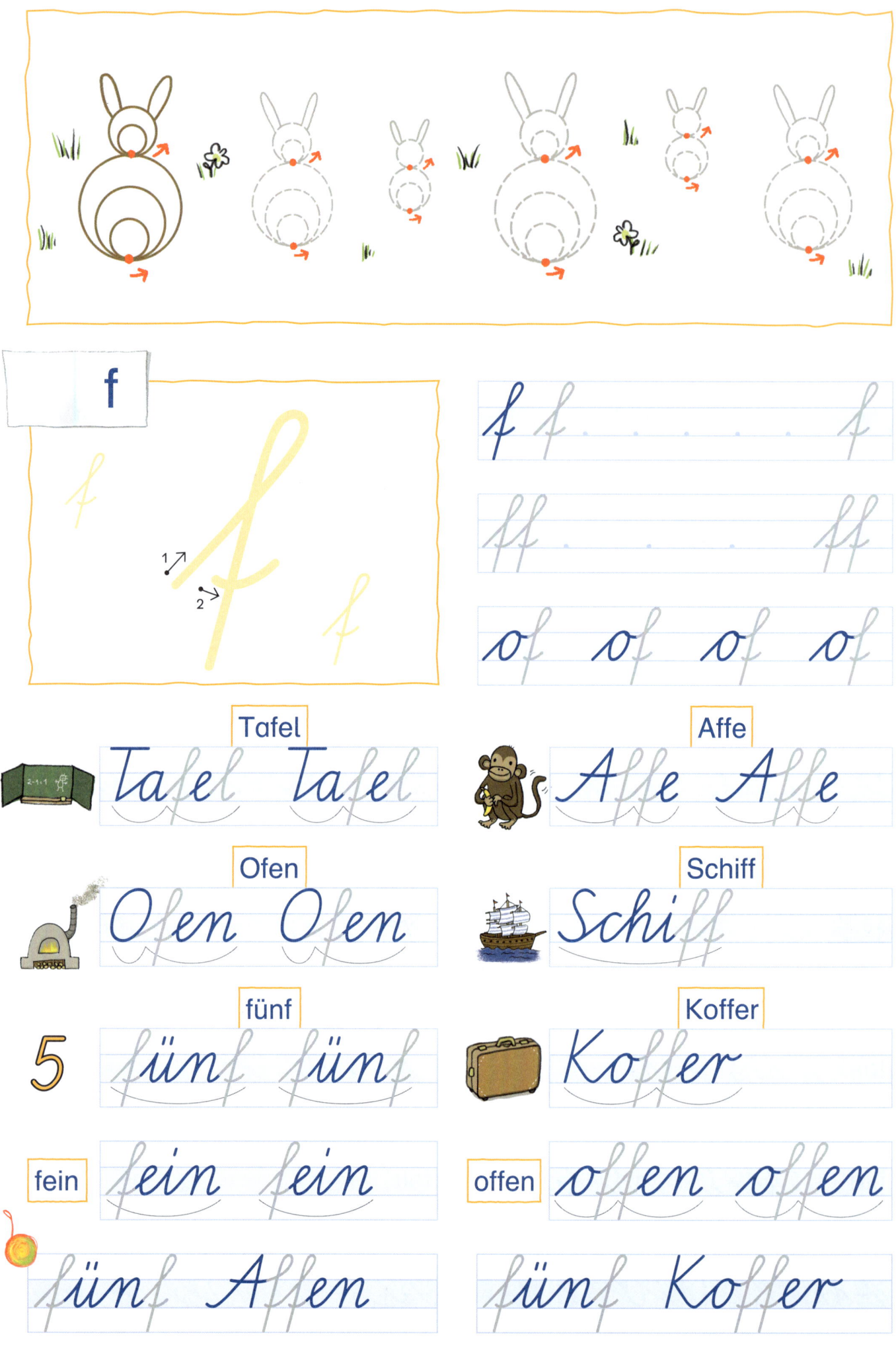

f

ff . . . . . f

ff . . . . . ff

of of of of

Tafel — Tafel Tafel

Affe — Affe Affe

Ofen — Ofen Ofen

Schiff — Schiff

5 fünf — fünf fünf

Koffer — Koffer

fein — fein fein

offen — offen offen

fünf Affen

fünf Koffer

e e   .   .   e

ee   .   .   ee

el el   .   .   el

Esel
Esel Esel

Tafel
Tafel Tafel

elf
11 elf   elf

elle   elle

Teller
Teller

Welle
Welle

Kelle
Kelle

T

P

T T T

P P P

TP TP

Tina
Tina Tina

Polli
Polli Polli

Tino
Tino Tino

Pipo
Pipo Pipo

Tasse
Tasse Tasse

Papa
Papa Papa

Tanne
Tanne

Perle
Perle Perle

Tee
Tee

Tee
Tee

F

Fe

Feder

Feder Feder Feder Feder

Fee

Fee

Fell

Fell

Felle

Felle

i

u

i *i* . . *i*

u *u* . . *u*

Tina

Tina Tina

Pulli

ei

eu

ei *ei* . . *ei*

eu *eu* . *eu*

Seil

Seil Seil

Feuer

Feuer Feuer

feucht

feucht

Teil

Ɛ Ɛ   Ɛ

Ɛi Ɛi   Ɛi

Eile   **Eile**
Eile   Eile

Ɛu Ɛu   Ɛu

Eule   **Eule**
Eule   Eule

Efeu   **Efeu**
Efeu   Efeu

Tee, Fee, Fell, Pulli, Ei,
Eile, Eule, Efeu, elf

n

n   n   n

n   n

in   in

Tini

Tini   Tini

m

m   m   m

m   m

im   im

Tim

Tim   Tim

ein		ein
ein		*ein*

eine		eine
eine		*eine*

ein oder *eine* ?

ein		

mein		mein
mein		*mein*

um		um
um		*um*

nun		nun
nun		*nun*

 ein Fell, ein Pulli, ein Teil,
ein Ei, eine Fee, eine Eule

O o

O O O O

o o o

ol ol on on

Omi
Omi
Omi

Ofen
Ofen
Ofen

Polli
Polli
Polli

Tino
Tino
Tino

Tonne
Tonne
Tonne

a   *a* · ·   *a*

au · ·   *au*

an ·   *an*

d   *d* · ·   *d*

da · ·   *da*

die ·   *die*

Tina
Tina

Tina
Tina

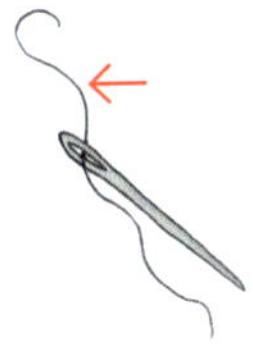

Faden
Faden

Faden
Faden

Paddel
Paddel

Paddel
Paddel

die Eule, die Oma, die Palme, die Tafel, malen, da, dein, fein, nein, und, nie

t

𝓼 𝓼 𝓼 · · · 𝓼

𝓼e · · · 𝓼e

𝓼o · · · 𝓼o

𝓼𝓽 · · · 𝓼𝓽

𝓸𝓽 · · · 𝓸𝓽

𝓼oll · · · · 𝓼oll

ist · · · · ist

fett · · · · fett

S𝓽 S𝓽 · · S𝓽 · · 𝓼𝓽 𝓼𝓽 · · 𝓼𝓽

Stifte · · Stifte

still · · · still

Die Tasse   ness.

Die Stimme   ist   alt.

Die Tante   laut.

18

N

𝒩 𝒩

𝒩

𝒩ot

𝒩ot

𝒩est   𝒩est

𝒩udel   𝒩udel

𝒩ase   𝒩ase

𝒩uss   𝒩uss

No
Na   Na
Nu   Na

del
se
me   se
del

Nina 𝒩ame

M

M M . . M

M . . . M

Ma . Ma

Mei . Mei

Mama . . Mama

Mantel . Mantel

Meise . . Meise

✏️ **Welches Wort passt in welchen Satz?**

Melone   Museum   Minuten   Mantel

Eine Stunde sind 60 _____ .

Mama nimmt Tina mit ins _____ .

Tinas _____ ist nass.

Paola und Mama essen _____ .

🪀 ✏️ **Schreibe alle Sätze ins Heft.**

A

A   A   .   .   A

A   A

Au   .   .   Au

At   .   .   At

Ast   .   .   .   .   Ast

Anton   .   .   Anton

Ameise   .   .   Ameise

Auto   .   .   Auto

✏ Kreise die Tiernamen ein: ✏ Schreibe die 4 Tiernamen:

Auto
Affe
Ast
Automat
Atlas
Aal
Amsel
Ameise

Aal

Schreibe alle Wörter mit ihren Begleitern ins Heft.

21

p

p p · · · p

pp · · pp

Papa

Papa

Puppe   Puppe

Ampel   Ampel

piepsen   piepsen

Namenwörter blau,
Tunwörter rot

Namenwörter	Tunwörter
Pappe	pusten

Mappe
Pappe
pusten Papa
plappern
Suppe piepsen
passen Ampel
stoppen

 Schreibe drei Namenwörter und drei Tunwörter ins Heft.

Pf Pf Pf **pf** pf pf

 Pfote Pfote

Topf Topf

pfeifen Napf Pflaume

Pflaume

Napf

pfeifen

Sp Sp Sp **sp** sp sp

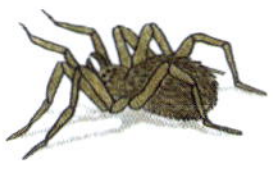

Spinne Spinne

spielen spielen

Pfote, Napf, Topf, Spiel,
Spinne, spielen, spinnen

Tinos Familie
Opa und Tino spielen.
Paola pfeift laut.
Papa spannt ein Seil.
Mama isst einen Apfel.
Pollis Pfoten sind nass.

R r

R R R   r r r

Rose   Rose

rufen   rufen

der   der

Ordne die Namenwörter mit R.

Raum   Radio   Rose

Roller   Ratte   Ruder   Reise   Ritter

der	die	das
Raum		

Schreibe alle Namenwörter mit Begleiter ins Heft.

_ra · · · ra_   _re · · · re_

_rt · · · rt_   _or · · · or_

 **Was machen alle ? Was macht Tino ?**

rei   _ler_   _re_
_ru_   _ro_

sen   _nen_   _deln_
dern   _den_

Alle …   **Tino …**

Alle reiten. → _Tino reitet._

Alle → _Tino_

 **Schreibe lustige Sätze.**

Rudi	redet	im See.
Ritter Rolo	reitet	mit dem Roller.
Rosali	lernt	auf dem Pferd.
Der Pirat	rennt	mit einem Eimer.

 **Seite 56**

25

I

J J J

J

Ina Ina

Ines Ines

Insel Insel

Idee Idee

Indianer Indianer

Verbinde die Silben und schreibe.

In di a ner

In ter net

Drei Sätze sind richtig.

○ Indianer reiten in Filmen oft.

○ In einem Stall findest du Tiere.

○ Auf allen Inseln rodeln Indianer.

○ Ina rennt nie. Ina rollt immer.

○ In der Natur lernen Pferde pfeifen.

Ina

Schreibe die richtigen Sätze ins Heft.

H h

H H H

h h h

Hase   Hase

Heft   Heft

has   has

Welche Wörter sind keine Tiernamen?

Hahn   Fehler
Hose   Hund
Ohr   Hai   (Helm)

der Helm   die

der   das

Schreibe die vier Wörter mit Begleitern ins Heft.

 Schreibe in Schreibschrift.

Tino hat Husten. Er ist heiser. Seine Nase
ist sehr rot. Holundertee soll ihm helfen.

27

C c

C C · · · · · C   c c · · · · · c

Cent   Cent

Comic   Comic

Creme   Comic   Computer   Cola

Ich lese Comics.
Ich l

Ich lerne am Computer.

Ich creme die Haut ein.

 Schreibe, was Celina macht: Celina liest Comics. ...

Ch   Ch   Ch

ch   ch   ch

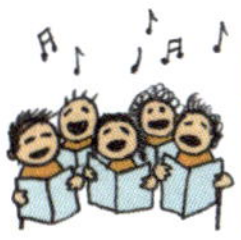

Chor   Chor

ich   ich

China   China

machen   machen

riechen   riechen

chs   chs   chs

6   sechs   sechs

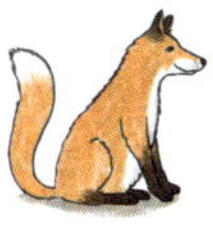

Fuchs   Fuchs

Dach, Milch, Teppich,
lachen, riechen, suchen,
ich, doch, auch, achs

 Schreibe zu fünf Wörtern
einen Satz:

Ich lache oft.
Pipo riecht ... Seite 56

Z   Z   Z   z   z   z

Zelt   Zelt

Zahn   Zahn

zehn   zehn

Pilz   Pilz

Herz   Herz

tanzen   tanzen

das Herz, die Zeit,
das Zimmer,
der Zoo, zappeln,
ziehen, zittern, dazu,
zu, zuerst, zur

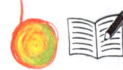 Schreibe in Schreibschrift:

Paola tanzt oft durchs Zimmer.
Die Zitrone ist Tino zu sauer.
Mama hat zehn Zehen.
Opa zappelt im Zelt herum.
Im Zoo zerrt Pipo an der Leine.

tz

Finde die Reimwörter und schreibe sie untereinander auf.

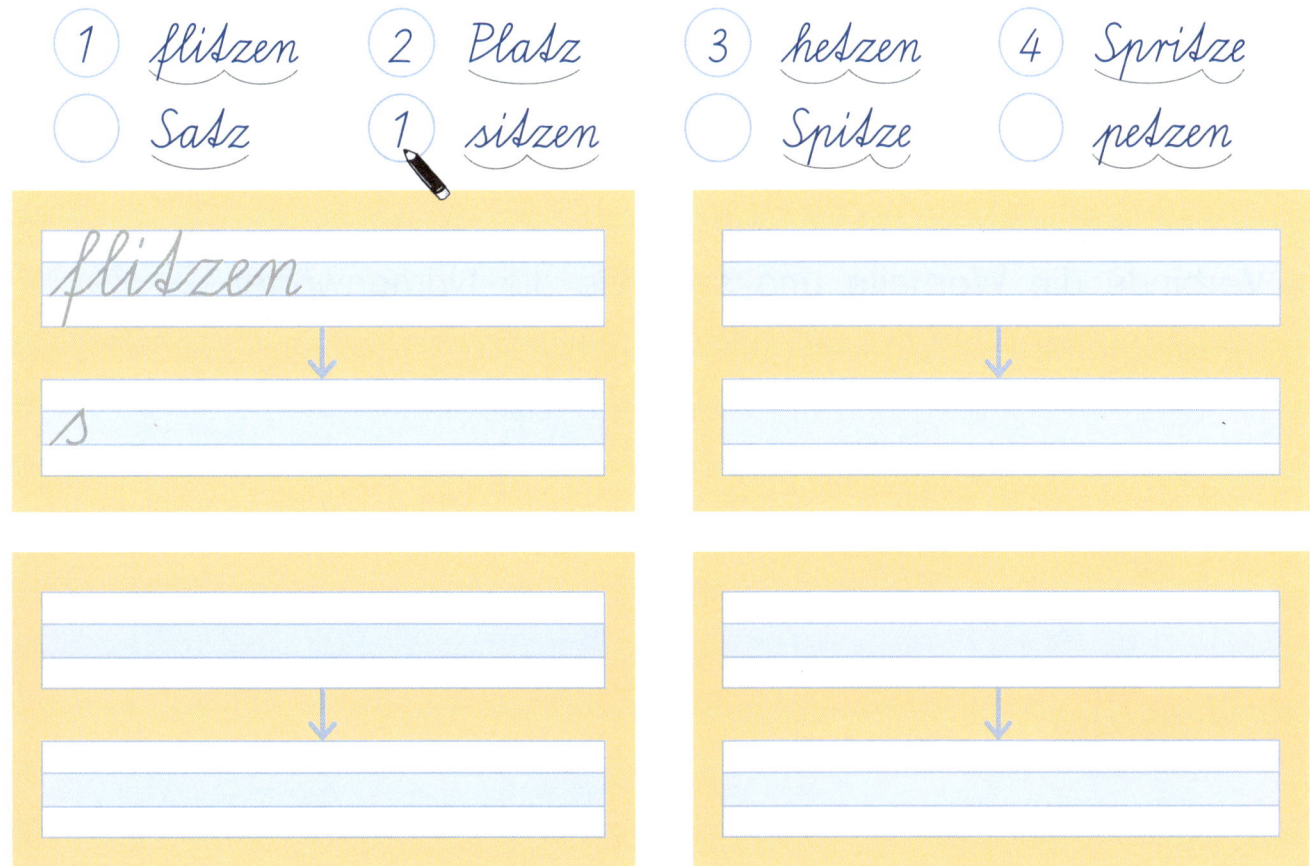

1 flitzen   2 Platz   3 hetzen   4 Spritze

  Satz   1 sitzen   Spitze   petzen

flitzen
↓
s

Welche Satzteile passen zusammen?

Opa — putzt
Polli   sitzt
Pipo   flitzt

immer auf seinem Platz.
hinter einer Maus her.
manchmal Tinas Schuhe.

 Schreibe zwei oder alle Sätze in dein Heft.

Schreibe mit den Reimwörtern von oben eigene Sätze.

U

U   U   U

u

U

u

Uhu

Uhu

Ufer   Ufer

Uhr   Uhr

Verbinde die Wortteile und schreibe die Namenwörter mit Begleitern auf.

Un-
fall
sinn
recht

der

Welche Wörter passen?

Uniform   Uranus   Urteil

Die Polizei hat eine _____ .

Der Richter spricht ein _____ .

_____ ist ein Planet.

Schreibe die Sätze ins Heft.

34

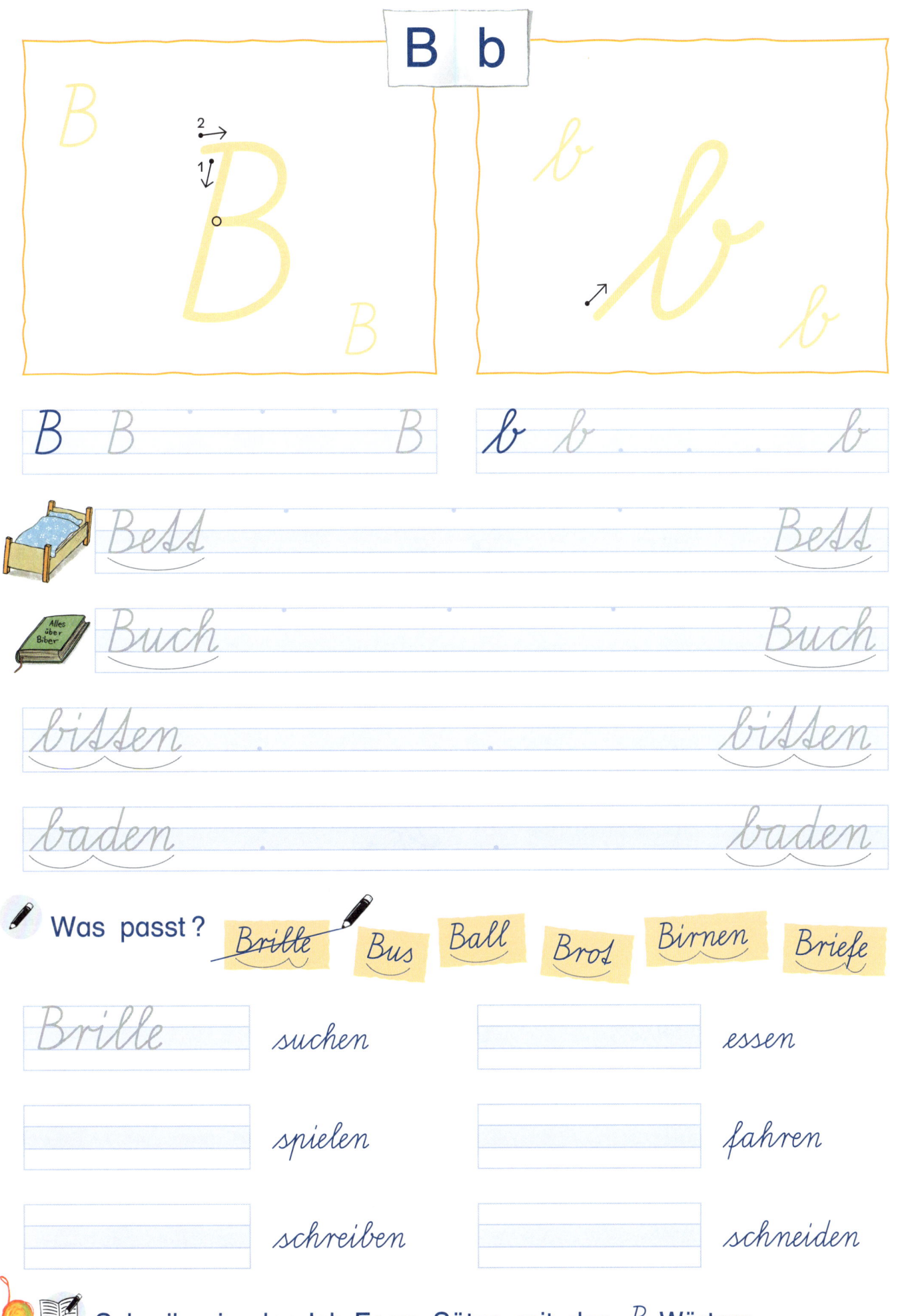

B   b

B   B · · · · · · B

b   b · · · · · · b

Bett   Bett

Buch   Buch

bitten   bitten

baden   baden

Was passt?   Brille   Bus   Ball   Brot   Birnen   Briefe

Brille   suchen   essen

                spielen   fahren

                schreiben   schneiden

Schreibe in der Ich-Form Sätze mit den *B*-Wörtern.
Ich suche meine Brille. Ich spiele ...

35

bl . . . bl   br . . . br

be . . . be   ob . . . ob

bren   blu   bra   sen   sen   nen

bra

Welche Silben passen zusammen?

blei   ha   sie   le   so   fe   he   -ben

leben

Welche Tunwörter passen?

benutzen   befehlen   besuchen

benehmen   besitzen   berichten

der Benutzer   benutzen   der Besitzer

der Besucher   der Bericht

der Befehl   das Benehmen

Schreibe den Text ab. Wie viele Sätze schaffst du?

Bei Tinas Bruder Leon

1. Tina und Leon sind beide in Leons Zimmer.
2. Neben seinem Bett ist ein Bild
   mit der Sonne im All.
3. Die Sonne erhellt immer
   nur einen Teil der Erde.
4. Um 12 Uhr ist sie oben am Himmel.
5. In der Nacht ist es finster.

Ä ä

Ä Ä . . . Ä

ä ä . . . ä

Bär Bär

✏ Aus A und a wird Ä oder ä.

Ast   Apfel   Zahn

der Ast   die Äste

✏ Schreibe in Schreibschrift.

schläft   schält   Märchen

Lara schält Äpfel.

Leon liest ein Märchen.

Der Bär schläft in seinem Bau.

📖✏ Schreibe die Namenwörter
in der Mehrzahl und Einzahl:
die Fässer – das Fass

Fässer, Hände, Bälle,
Dächer, Bäder, Räder,
Plätze, Schnäbel

Äu äu

Äu *Äu* . *Äu*   äu *äu* . *äu*

Träumen .   *Träumen*

✏️ Aus au wird äu.   Maus   Haus   Baum

das Haus   *die Häuser*

der

✏️ Was passt?   Träumen   aufräumen   läuten   Bäuerin   Läufer   Räuber

Bauer   laut

Traum   Raum

laufen   rauben

📖✏️ Schreibe alle zehn *äu*-Wörter dieser Seite ins Heft.

39

Ö ö

Ö   Ö   .   .   .   .   Ö

ö   ö   .   .   .   ö

Öl   .   .   Öl

hören   .   hören

✏️ **Aus eins mach zwei!**   *Ofen*   *Horn*   *Dorf*

der   *die*

✏️ **Schreibe in Schreibschrift.**   *Brötchen*   *öffnet*   *lösen*

Paola isst ein Brötchen.

Opa öffnet eine Dose.

Lara möchte Rätsel lösen.

 **Schreibe die Sätze ins Heft.**

Ü ü

Ü Ü ⋯ ⋯ Ü

ü ü ⋯ ⋯ ü

für · für

Mütze · · Mütze

über · · über

✏ **Setze die Silben zusammen und schreibe die Wörter auf.**

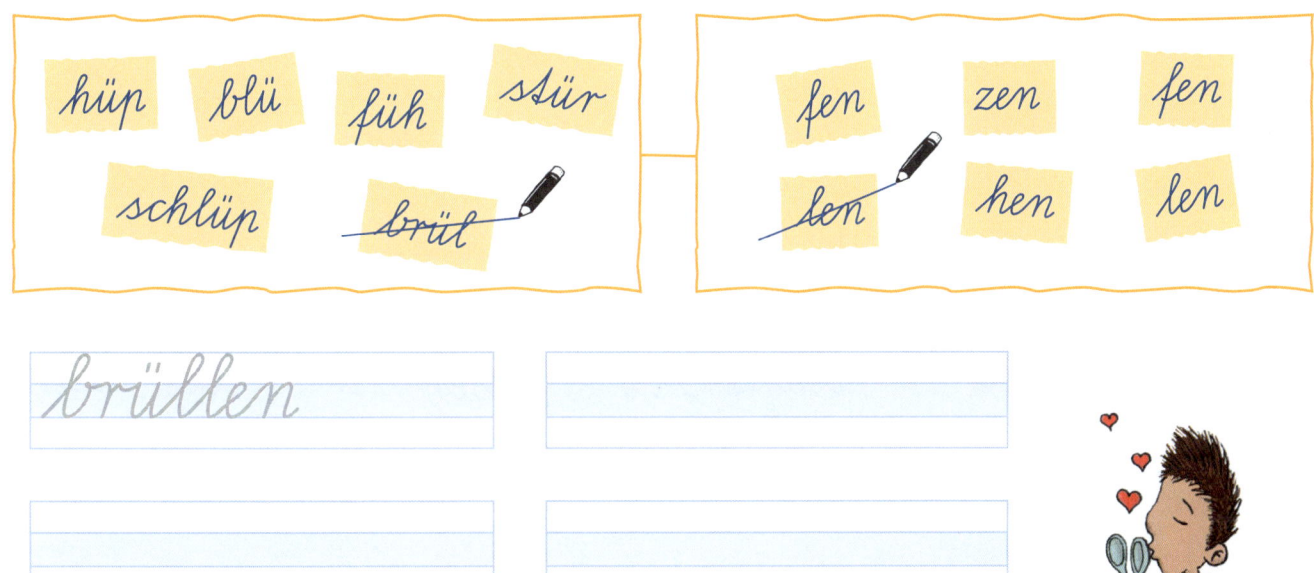

| hüp | blü | füh | stür |
| schlüp | brüt | | |

| fen | zen | fen |
| len | hen | len |

brüllen

✏ **Was darfst du?**

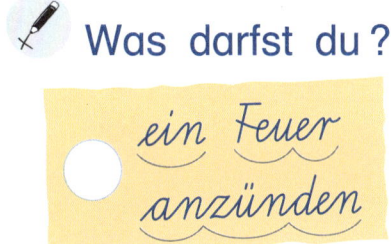 ein Feuer anzünden

fünf Tassen spülen

im Heft üben

in der Bahn laut brüllen

 📖✏ Ich darf ...

V v

V V V V

v v v v

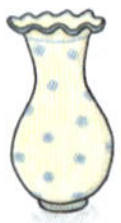

Vase Vase

vier vier

ver- raten stehen tauschen
schreiben reisen binden

verraten

Vampir, Vater, Ventil, Vers, Video, Vorsicht,
viel, vielleicht, vier, voll, von, vor, vorbei

 Schreibe eigene Sätze mit den *ver*-Wörtern.

W | w

W W . . W   w w . . . w

Wolle   Wolle

wissen   wissen

Wenn die Wespe sticht, · · blühen die Wiesen.

Wenn es warm wird, · · schwillt die Haut an.

Wähle einen der Sätze aus. Schreibe ihn ab.

Wal, Wasser, Wörter, Wurst, Löwe,
weinen, werfen, wissen, wollen, weil,
was, wann, warum, wer, wie, wo

Was willst du von deinem Partner wissen?
Was …? Wo …? Warum …? Wie …? Wann …?

G g

G G G   g g g

Gras   Gras

Geige   Geige

gut   gut

geben   geben

sagen   sagen

Was ist richtig?

- ○ Die Ritter lebten früher auf Burgen.
- ○ Giraffen fressen gern Müsli.
- ○ Die Geige ist ein Instrument.
- ○ Im Märchen gibt es Zwerge.
- ○ Tiger gehen im Garten spazieren.

 Schreibe ins Heft, was richtig ist.

gen　　　　　　　　gen　　　gt　　　　　　　gt

✏ **Was passt?**

liegen → er liegt

lie	
bel	
flie	gen
sa	
fra	

→ er

→ er

→ er

ng　ng　　　　　　　　　　　　　　ng

Ring　　　　　　　　　　　　Ring

lang　　　　　　　　　　　　　lang

✏ **Schreibe in Schreibschrift.**

Im Garten liegen 2 lange Schlangen.

An der Angel hängt ein Wurm.

Engel, Finger, Schlange, Stange, Zunge,
fangen, hängen, singen, eng, lang

Schreibe zu 5 Wörtern einen Satz: Ein Engel ...

☞ Seite 56

J j

J J   J

j j   j

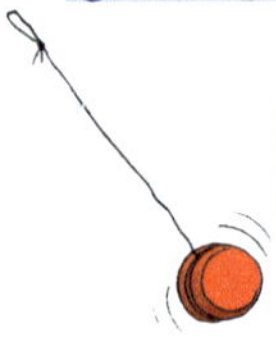

Jo-Jo   Jo-Jo

jetzt   jetzt

✏ **Welche Silben gehören zusammen? Schreibe die Wörter auf.**

jodeln

ja	deln
ju	gen
jam	mern
jo	beln

✏ **Was stimmt? Antworte mit *ja* oder *nein*.**

Ist der Jaguar ein gefährliches Tier? →

Ist der Januar der zweite Monat im Jahr? →

Mögen viele Jungen Judo als Sport? →

 📖✏ **Schreibe die Antworten als Sätze.**
Der Jaguar ist ...

Das Jahr

	richtig	falsch
1. Im Januar fängt das Jahr an.	◯	◯
2. Im März beginnt der Sommer.	◯	◯
3. Im Juni sind die Erdbeeren reif.	◯	◯
4. Im November ist Silvester.	◯	◯
5. Im Dezember ist Ostern.	◯	◯
6. Im Frühling wird alles grün.	◯	◯
7. Im Sommer haben wir hitzefrei.	◯	◯
8. Im September fallen die Blätter.	◯	◯
9. Im Winter blühen Tulpen.	◯	◯

Schreibe die richtigen Sätze ab.

1. Im Januar

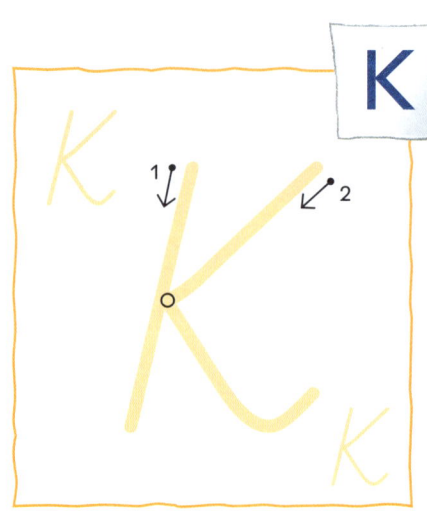

K K

K K   K

k k   k

Kerze   Kerze

kein   kein

kaufen   kaufen

können   können

kommen   kommen

trinken   trinken

 Was kannst du kaufen?

○ Kaffee   ○ Kamele

○ Kinder   ○ Kakao

○ Kuchen   ○ Kekse

○ Kleider   ○ Krokodile

Ich kann Kaffee kaufen. Ich kann keine Kamele ...

 Seite 56

48

ck

ck

ck   ck   .   .   ck

ck   .   .   ck

Sack

Sack

Jacke   Jacke

dick   dick

✏️ Male die Reimwörter immer in einer Farbe an.

Brücke   eckig   wecken   Lücke

schlecken   Mücke   dreckig

fleckig   lecken

✏️ Schreibe die Wörter geordnet und farbig auf.

Brücke   schlecken   fleckig

 📖 Schreibe zu drei ck-Wörtern einen Satz.

β

β β · · β

Füße

Füße

oß · · oß

groß · · groß

größer · · größer

✏ **Was reimt sich?**

Fuß gießen Floß Gruß schließen Kloß

✏ **Was passt zusammen?**

Schokolade ist · · Straße.

Zum Fleisch gibt es · · süß.

Der Schnee ist · · Soße.

Autos fahren auf der · · weiß.

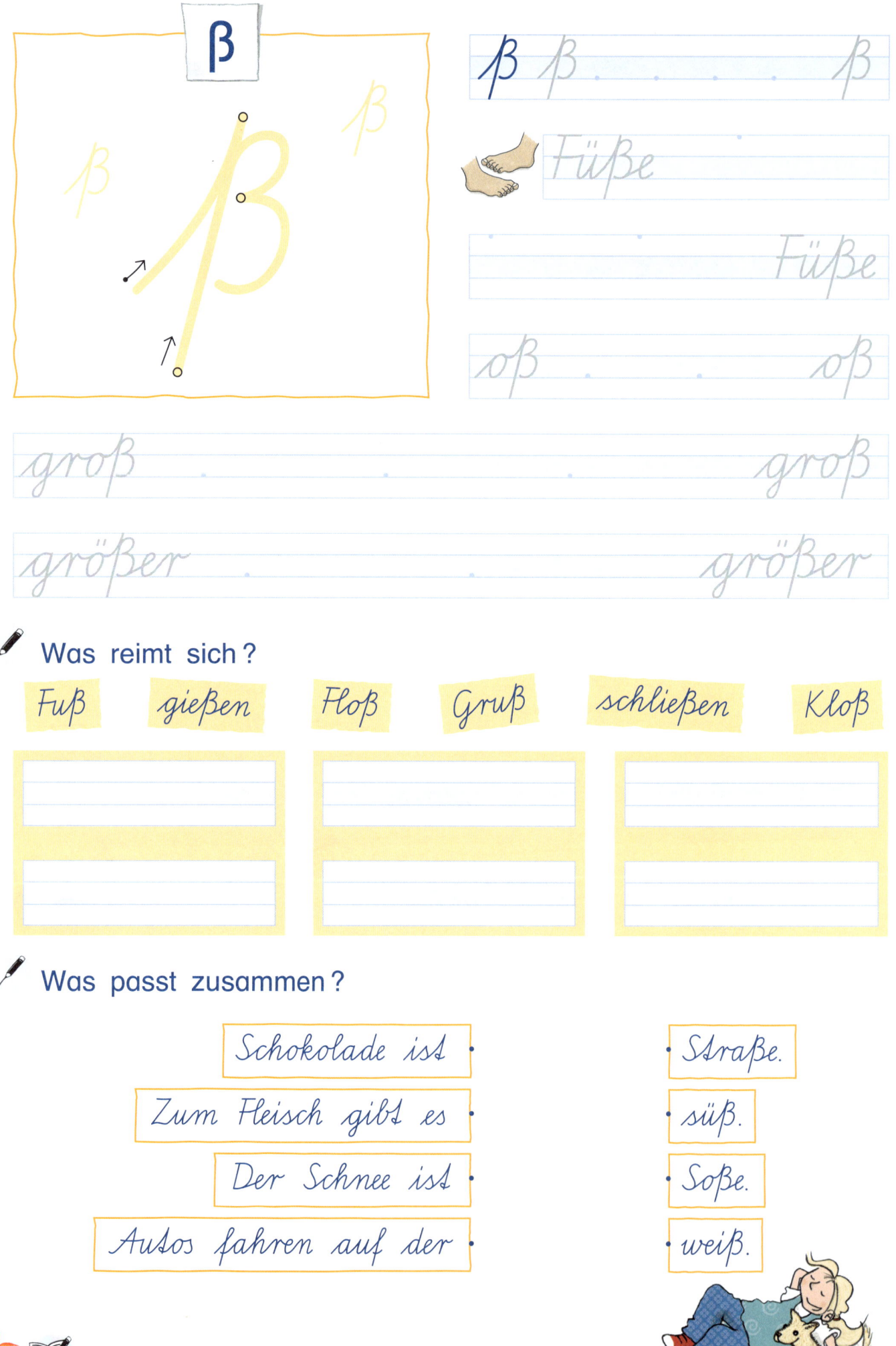

Schreibe die Sätze ins Heft.

ßen　　　　　ßen　　　ßt　　　　　　ßt

heißen　　　　　　　　　　heißen

gießen　　　beißen　　　　gießt　　　　beißt

schießen　　reißen　　　schießt　　　reißt

schießen　　→　er schießt

　　　　　　→　er

　　　　　　→　er

　　　　　　→　er

📖✏️ **Schreibe fünf lustige Sätze ins Heft.**

Kinder	grüßen	süßen Pudding.
Eltern	beißen	fleißige Kinder.
Hunde	verschenken	große Füße.
Väter	lieben	heiße Würstchen.
Schüler	genießen	weiße Rosen.

 📖✏️

Elefant – groß – Maus

Sonne – heiß – Feuer

Biene – fleißig – Fisch

Vergleiche:

Der Elefant ist größer als eine ...

Qu qu

Qu Qu Qu   qu qu qu

Quirl   Quirl

quer   quer

Setze die Silben zusammen und schreibe die Wörter.

| qua | qual | quie | quiet | — | ken | ken | men | schen |

Was ist es?   Quark   Qualle   Qualm   Quadrat

Sie schwimmt im Meer. Wenn sie
dich berührt, brennt die Haut.

Es ist ein besonderes Viereck.
Alle Seiten sind gleich lang.

Erfinde für die anderen Wörter selbst Rätsel.

Y y

Y Y · · · · Y   y y · · · · y

Teddy   Teddy

Thymian   Syrakus   Python

Hyazinthe   Zylinder   Pyramiden

1. Syrakus   ist eine Stadt im Süden Italiens.

2.   ist ein Gewürz.

3. Die   ist ein Frühblüher.

4. Ein   ist ein besonderer Hut.

5. Ein   ist eine Schlange.

6. In Ägypten gibt es   .

Schreibe die sechs Sätze ins Heft.

X x

X X X   x x x

Xylofon   Xylofon

Text   Text

Hexe   Hexe

mixen   mixen

✏ Schreibe drei Sätze.

Hexen			mi
Boxer	können	he — xen.
Mixer		bo

Seite
56

 Schreibe lustige Sätze, in denen möglichst
viele Wörter mit X und x vorkommen.

Schreibe den Text ab. Wie viele Sätze schaffst du?

In der Bücherei

1. Die Klasse 2c macht ein Quiz.
2. Jede Gruppe sammelt Fragen zu einem Hobby.
3. Max interessiert sich für exotische Tiere.
4. Er braucht extra ein Lexikon.
5. Jan sucht ein Buch über Ägypten
   und Pyramiden.

6. Hülya findet Gymnastik toll und
   liest Texte über Yoga.

Nach R/r (Seite 25)

Der neue Roller

Rolf und Rania finden den Roller super. Er ist rot und rollt prima. Sie rasen um den See. Auf einmal ruft die Mutter.

Nach Ch/ch (Seite 29)

Hasso, der Hund

Hannes hat einen netten Hund. Sein Name ist Hasso. Der Hund ist heute allein. Er heult laut. Da taucht Hannes auf.

Nach L (Seite 31)

In der Schule

Alle lernen und passen auf. Leon rechnet schon im Heft. Er sucht sein Lineal. Ist es in der Mappe? Nein! Schade! Es ist leider nicht da. So ein Pech!

Nach G/g (Seite 45)

Eine lustige Geschichte

Ein Igel und eine Schlange essen ohne Gabel Gemüse im Garten. Dann liegen sie gemütlich im Gras. Ein Vogel sitzt ganz fröhlich im Gebüsch und singt schöne Lieder.

Nach K/k (Seite 48)

Das kleine Krokodil

Das kleine Krokodil sucht neue Freunde. Zusammen können sie viel machen. Sie können kämpfen und mit den Zähnen klappern. Ob das kleine Krokodil einen Kameraden findet?

Nach X/x (Seite 54)

Die kleine Hexe

Es war einmal eine Hexe. Sie träumte von einem neuen Hexenhaus und einem schnellen Hexenbesen. Doch verflixt! Sie konnte ihr Zauberbuch nicht mehr finden. Der Rabe Xaver lachte darüber.